Wenn es im Winter draußen eisig kalt und ungemütlich ist, ist es drinnen um so schöner, wenn man zusammen sitzt und gemeinsam bastelt. In der mollig warmen Stube bei einem heißen Kakao oder Tee entstehen schon die ersten Weihnachtsgeschenke und Dekorationen, und man kann die Vorfreude aufs Fest so richtig genießen. Deshalb habe ich nach den tierischen nun auch winter- und weihnachtliche Paper Balls entworfen, die kleinen und großen Papierfans sicherlich gleichermaßen gefallen werden. Die Figuren sind einfach und schnell zu basteln und, sei es zum Aufhängen oder Hinstellen, auch immer ein tolles Geschenk. Probieren Sie's doch mal aus!

Eine kuschelig schöne Bastelzeit und ein wunderbares Weihnachtsfest wünscht Ihnen

Christiane Steffan

Mr. und Mrs. Tomte

zwei fleißige Wichtel

MOTIVHÖHE
ca. 18,5 cm

MATERIAL
FÜR BEIDE FIGUREN
* Tonkarton in Rot, A3
* Fotokartonreste in Hell- und Dunkelgrün, Hautfarbe, Hellrot und Eierschalenfarbe
* Draht, ø 0,8 mm, 2 x 15 cm lang
* 18 Holzperlen in Rot, ø 1 cm
* Ripsband in Rot mit Sternen, 1 cm breit, 2 x 15 cm lang
* 2 Strasssteine in Rot, ø 6 mm
* Wolle in Weiß

VORLAGEN
Bogen 1A

1 Die Körper der beiden Wichtel werden komplett identisch gearbeitet. Für einen Wichtel sechs rote Streifen nach Vorlage zuschneiden, lochen und die gestrichelten Linien mit dem Falzbein anritzen und umbiegen. Kleben Sie nun je drei Streifen zu einem Sechser-Stern zusammen. Verbinden Sie danach beide Sterne versetzt zu einem Zwölfer-Stern.

2 Alle restlichen Körperteile zuschneiden. Das Gesicht mit Filz- und Buntstiften bemalen und die ockerfarben schattierte Nase aufkleben. Die hellrote Mütze kräftig Rot schattieren und beidseitig fünf bis sechs Wollfäden unter dem Mützenrand fixieren. Die Mütze auf dem Kopf befestigen und die Haare zurechtschneiden (bei Mrs. Tomte länger lassen). Den dunkelgrünen Kragen schattieren und lochen.

3 Unter den Ärmeln (einmal seitenverkehrt) die Hände fixieren. Auf der roten Bodenplatte den Bereich der Schuhe mit schwarzem Filzstift ausmalen. Den kleinen grünen Kartonkreis vor dem Ausschneiden mit grün-weißem Buntstiftkaro bemalen. Das Herz sowie den Strassstein ergänzen und die weißen Striche mit Lackmalstift aufmalen.

4 Mit Transparentpapier das Herzmotiv auf die Schürzentasche übertragen und mit rotem Filzstift ausmalen. Die bemalte Zuckerstange, das Ilexblatt und den Strassstein ergänzen und die Tasche auf der Schürze fixieren. Darunter beidseitig zwei Schürzenbänder festkleben.

5 Ein Drahtende zur Öse formen und nochmals im rechten Winkel umbiegen. Auf den Draht alle Teile gemäß der Aufsteckreihenfolge auffädeln und das obere Drahtende wiederum zur Öse biegen. Den Kopf kleben Sie mit Heißkleber so an der oberen der beiden Perlen fest, dass ein Stück der unteren Perle als Hals erkennbar bleibt.

6 Die Streifen der flachen Paper-Ball-Unterseite mit Heißkleber versehen und flach auf den roten Bereich der Bodenplatte kleben, sodass ein Streifen mittig zwischen den Füßen ist. Evtl. die Streifen mit einem Schaschlikstäbchen runterdrücken.

7 Auf dem Bauch den Karokreis bzw. die Schürze fixieren. Die Schürzenbänder nach hinten umlegen und die Enden übereinander kleben. Wer möchte, kann über die Enden eine Kartonschleife kleben (siehe Vorlage). Nun die Arme leicht rund biegen, unter den Enden mit Heißkleber versehen und beidseitig unter dem Kragen am Paper Ball fixieren. Zuletzt das Ripsband um den Hals binden und verknoten.

Aufsteckreihenfolge
Zwölfer-Stern – 7 Perlen – Spitzen des Zwölfer-Sterns – dunkelgrüner Kartonkreis (Kragen) – 2 Perlen

VORWEIHNACHTLICH

Gut gelandet!

Engelspause auf Stern Nr. 7

MOTIVHÖHE
ca. 19,5 cm

MATERIAL
* Fotokarton in Hellgelb, A3
* Fotokarton in Weiß mit Glitzerranken, A4
* Fotokartonreste in Hellblau und Hautfarbe
* Transparentpapierrest in Weiß, 115 g/m²
* Draht, ø 0,8 mm, 20 cm lang
* Silberdraht, ø 0,4 mm, 10 cm lang
* Holzperlen, 3 x in Gelb und 9 x in Weiß, ø 1 cm
* 2 Holzperlen in Natur, ø 8 mm
* Strassstein in Hellblau, ø 6 mm
* Stern-Glöckchen in Hellblau, ø 2 cm
* Satinband in Hellblau, 1 cm breit, ca. 40 cm lang

VORLAGEN
Bogen 1A

1 Für den Stern vier gelbe Streifen nach Vorlage zuschneiden, lochen und die gestrichelten Linien mit dem Falzbein oder einer leergeschriebenen Kugelschreibermine anritzen und umbiegen. Die Streifen, wie in der Grundanleitung erklärt, zu einem Achter-Stern zusammenkleben.

2 Für den Engel sechs Streifen aus dem Glitzerrankenkarton nach Vorlage zuschneiden und ebenso lochen, anritzen und umbiegen. Jeweils drei dieser Streifen zu einem Sechser-Stern zusammenkleben. Beide Sterne wiederum versetzt zu einem Zwölfer-Stern verbinden.

3 Alle restlichen Körperteile zuschneiden. Das Gesicht mit Filz- und Buntstiften bemalen und die Nase sowie die orangefarben schattierten Haare aufkleben. Auf dem Haar den kleinen Stern samt Strassstein ergänzen. Den hellblauen Kragen lochen und blau schattieren. Mit Transparentpapier das Rankenmuster auf die blauen Ärmelstreifen übertragen und mit weißem Lackmalstift ausmalen. Die Streifen auf die beiden Ärmel (einmal seitenverkehrt) kleben und darunter die Hände ergänzen.

4 Ein Drahtende zur Öse formen und alle Kartonsterne und Perlen gemäß der Aufsteckreihenfolge auffädeln. Das obere Drahtende wiederum zur Öse biegen. Den Kopf mit Heißkleber so an der obersten der beiden naturfarbenen Perlen ankleben, dass ein Stück der unteren Perle als Hals erkennbar ist. Die Arme leicht rund biegen, unter den Enden mit etwas Heißkleber versehen und beidseitig unter dem Kragen am Paper Ball fixieren.

5 Die Transparentpapierflügel auf dem rückseitigen Streifen fixieren. Die beiden Füße, wie in der Abbildung zu sehen, unter dem Kleid auf den Stern kleben. Damit die Figur sich nicht davon wegdreht, können Sie die Perlen und Paper Balls eventuell auf der Rückseite zusammenkleben (siehe TOPP-Tipps „Klebstoff verwenden"). Nun den Silberdraht am Glöckchen anbringen, mehrfach verzwirbeln und das Ende dem Engel unter die Hand kleben. Zuletzt das Satinband in der Mitte falten und beide Enden am Engel befestigen.

Aufsteckreihenfolge
gelbe Perle – gelber Achter-Stern – 2 gelbe Perlen – Spitzen des gelben Achter-Sterns – weißer Zwölfer-Stern – 9 weiße Perlen – Spitzen des weißen Zwölfer-Sterns – hellblauer Kreis (Kragen) – 2 Perlen in Natur (ø 8 mm)

Mein Tipp für Sie
Auch einzeln schön: Den Engel und den Stern kann man auch einzeln basteln. Man braucht dann lediglich als oberen Abschluss (Stern) bzw. unteren Abschluss (Engel) eine Perle mehr.

ENGELCHEN

HO, HO, HO

Zipfelbart & Zipfelmütze
lustig anzusehen

1 Die Streifen für die Mützen in Rot oder Grün jeweils dreimal nach Vorlage zuschneiden, lochen und an den gestrichelten Linien anritzen und umbiegen. Je drei Streifen einer Farbe zu einem Sechser-Stern zusammenkleben.

2 Für je einen Bart drei kurze sowie sechs lange Streifen nach der Vorlage zuschneiden, mittig lochen und die gestrichelten Linien anritzen und umfalten. Jeweils drei gleichlange Streifen zu einem Sechser-Stern zusammenkleben. Die beiden großen Sechser-Sterne wiederum zu einem Zwölfer-Stern verbinden. Alle weißen Streifenenden mit dem Falzbein unterschiedlich stark nach außen rund ziehen.

3 Nun versehen Sie die hautfarbenen Köpfe mit Filzstiftaugen und reiben die roten Backen auf. Einen Schnurrbart darauf fixieren und mittig darüber die rot schattierte Nase befestigen. Mit weißem Lackmalstift einen großen Lichtpunkt auftragen. Ein pinkfarbenes und ein hellgrünes Kartonstück mit einem Buntstift-Karomuster (Rot/Weiß bzw. Dunkelgrün/Weiß) bemalen und jeweils zwei Ilexblätter ausschneiden.

4 Pro Figur ein Drahtende zur Öse biegen und alle Sterne und Perlen gemäß der Aufsteckreihenfolge auffädeln. Die oberen Drahtenden ebenso zur Öse biegen. Die flachen Unter- bzw. Oberseiten von Bart und Mütze mit Heißkleber zusammenkleben. Einen Chenilledraht leicht rund formen und mit wenig Heißkleber rundum auf dem Übergang zwischen Mütze und Bart fixieren. Darüber bringen Sie einen zweiten Chenilledraht an.

5 Mittig unter einem der Mützenstreifen den Kopf auf dem Chenilledraht bzw. Bart festkleben. Zuletzt die beiden Ilexblätter zwischen eine der Paper-Ball-Lücken hinter den Chenilledraht kleben und vorne die Strasssteine ergänzen.

Aufsteckreihenfolge
weiße Perle – weißer Sechser-Stern – weißer Zwölfer-Stern – grüner oder roter Sechser-Stern (Mütze) – 10 grüne oder rote Perlen – Spitzen des grünen oder roten Sechser-Sterns – weiße Perle

MOTIVHÖHE
ca. 19 cm

**MATERIAL
FÜR BEIDE FIGUREN**

* Tonkarton in Rot und Dunkelgrün, jeweils A4
* Tonpapier in Weiß, A4
* Fotokartonreste in Weiß, Hautfarbe, Pink und Hellgrün
* Draht, ø 0,8 mm, 2 x 20 cm lang
* Holzperlen, je 10 x in Dunkelgrün und Rot, 4 x in Weiß, ø 1 cm
* Chenilledraht in Weiß, 4 x 10 cm lang
* je 3 Strasssteine in Blau und Rot, ø 6 mm

VORLAGEN
Bogen 1A

Bunter Tannenschmuck

farbenfrohe Glocken und Kugeln

MOTIVHÖHE
Glocke ca. 10,5 cm
Kugel ca. 10 cm

MATERIAL
FÜR ALLE MOTIVE
* Tonkarton mit Leinenprägung in Rot, Hellblau, Apricot, Vanillegelb und Hellgrün, jeweils A4
* Alu-Bastelfolie mit Sternchen in Silber, A4
* Glitzer-Fotokartonrest in Weiß
* Fotokartonrest in Silber
* Draht, ø 0,8 mm, jeweils 12 cm lang
* Holzperlen in Rot, Hellblau, Orange, Gelb und Hellgrün, ø 1 cm, 8 x je Kugel, 9 x je Glocke
* 8 Wachsperlen in Weiß, ø 8 mm
* 8 Acrylhalbperlen in Weiß irisierend, ø 6 mm

VORLAGEN
Bogen 2B

Mein Tipp für Sie

Klingeling Wer möchte, kann statt der Holzperle ein kleines Glöckchen in die letzte Öse der Papierglocke einhängen. Beide Motive sehen übrigens auch ohne die silbernen Aufhänger hübsch aus, das Basteln geht dann noch fixer.

Glocke

1 Sechs Streifen aus Tonkarton nach Vorlage zuschneiden, lochen und die gestrichelten Linien mit dem Falzbein anritzen und umbiegen. Nun kleben Sie jeweils drei Streifen zu einem Sechser-Stern zusammen und verbinden beide Sterne wiederum versetzt zu einem Zwölfer-Stern.

2 Die Rosette (Blümchen) aus Sternchenfolie sowie den kleinen Kreis aus Silberkarton zuschneiden und beide mittig lochen. Einen Streifen aus Sternchenfolie (20 cm x 1 cm) zu einer kleinen Rolle wickeln (ø ca. 1,5 cm) und das Ende festkleben. Eines der vier Motive (Herz, Stern, Tanne oder Eiskristall) aus Glitzerkarton zuschneiden und mit einer Acrylhalbperle bekleben.

3 Ein Drahtende zur Öse biegen und die Perlen, die Papierstücke, das Aluröllchen und den Kartonstern gemäß der Aufsteckreihenfolge auf den Draht stecken. Hier wird von oben nach unten gesteckt! Das zweite Drahtende biegen Sie ebenso zur Öse. Zuletzt auf der fertigen Glocke das Glitzermotiv mit Heißkleber fixieren.

Aufsteckreihenfolge
weiße Wachsperle – silberner Kartonkreis – Holzperle – Röllchen aus Sternchenfolie (verdeckt die Holzperle) – Rosette aus Sternchenfolie – Zwölfer-Stern – 7 Holzperlen – Spitzen des Zwölfer-Sterns – Holzperle

Kugel

1 Für die Christbaumkugel sechs Streifen (24 cm x 1 cm) zuschneiden. Alle Streifen genau mittig sowie je 5 mm von beiden Enden entfernt lochen. Jeweils drei Streifen zu einem Sechser-Stern zusammenkleben und beide Sterne wiederum versetzt zu einem Zwölfer-Stern verbinden.

2 Das Basteln der Christbaumkugel ist ansonsten identisch mit den Schritten 2 und 3 der Glocke, nur hat sie eine andere Aufsteckreihenfolge. Die Kugeln und Glocken mit z. B. Nylonfaden oder Silberschnur aufhängen.

Aufsteckreihenfolge
Zwölfer-Stern – 7 Holzperlen – Spitzen des Zwölfer-Sterns – Rosette aus Sternchenfolie – Holzperle – Röllchen aus Sternchenfolie (verdeckt die Holzperle) – silberner Kartonkreis – weiße Wachsperle

BAUMSCHMUCK

TIERISCH

Kling, Rentier, klingelingeling

ganz fesch im Alpenlook

1 Alle acht braunen Streifen genau in der Mitte sowie je 5 mm von beiden Enden entfernt lochen. Jeweils vier Streifen nach der Grundanleitung zu einem Achter-Stern zusammenkleben.

2 Alle Kartonteile nach Vorlage zuschneiden. Auf die braun schattierten Rentierköpfe malen Sie mit schwarzem Filzstift die Augen und den Mund auf und ergänzen die roten Backen. Die Nasen mit einem weißen Lichtpunkt versehen und auf den Köpfen fixieren, dahinter jeweils das Geweih ergänzen.

3 Auf den roten Kreis mithilfe von Transparentpapier das Herzmotiv übertragen und dieses mit weißem Lackmal- oder Geldstift ausmalen. Den grünen Kreis mit dem Edelweiß bekleben und mittig darauf die drei Pompons kleben. Beide Kreise fixieren Sie anschließend auf den farblich passenden Karokartonkreisen.

4 Jeweils eines der Drahtenden zur Öse biegen und dabei ein Glöckchen mit einhängen. Die Papiersterne und die Perlen gemäß der Aufsteckreihenfolge auf die Drähte fädeln. Die oberen Drahtenden kürzen und eine weitere Öse biegen.

5 Die Rentierköpfe mit einem Abstandsklebepad unter dem Kinn am Paper Ball sowie mit Heißkleber an der obersten Holzperle schräg über dem Körper befestigen. Zuletzt auf den Bäuchen die verzierten Kreise ergänzen und beidseitig die Hufe ankleben.

Aufsteckreihenfolge
Glöckchen (in die Öse mit einhängen) – brauner Achter-Stern – 8 Perlen – Spitzen des braunen Achter-Sterns – 2 Perlen

MOTIVHÖHE
Rentier ca. 15 cm
Stern ø ca. 9 cm

MATERIAL
FÜR BEIDE FIGUREN
- 8 Tonkartonstreifen in Mittelbraun, 2 cm breit, 28 cm lang, sowie Rest
- Fotokartonreste in Rot, Schwarz, Grün, Beige und Weiß
- Karokartonreste in Rot und Grün
- Draht, ø 0,8 mm, 2 x 15 cm lang
- 20 Holzperlen in Natur, ø 1 cm
- Glöckchen in Rot und Grün, ø 2 cm
- 3 Pompons in Weiß, ø 7 mm
- 2 Abstandsklebepads

VORLAGEN
Bogen 2B

Mein Tipp für Sie

Alpensterne Für die kleinen Alpensterne jeweils drei Streifen nach Vorlage zuschneiden, lochen und die gestrichelten Linien anritzen und umbiegen. Die Streifen zu einem Sechser-Stern verbinden und mit einer Perle in der Mitte auf einen Draht fädeln. Beidseitig die Drahtenden zu Ösen formen und diese im rechten Winkel umbiegen. Zuletzt mittig auf einer oder beiden Ösen verzierte Karokreise festkleben und die Sterne mit Nylonfaden aufhängen.

Mmh, wie lecker!

weihnachtliche Cup-Cakes

MOTIVHÖHE
ca. 8,5–9,5 cm

MATERIAL
FÜR ALLE MOTIVE
* Tonkarton mit Leinenprägung in Perlmutt-Hellbraun und -Dunkelbraun, jeweils A4
* Tonkartonrest mit Leinenprägung in Perlmutt-Weiß
* Glitzer-Fotokartonreste in Rosa und Weiß
* Fotokartonreste in Blau, Rot und Grün
* Draht, ø 0,8 mm, 5 x 12 cm lang
* 40 Holzperlen in Braun, ø 8 mm
* Holzperlen, 3 x in Pink, ø 1,2 cm und je 1 x in Weiß, Blau und Grün, ø 1 cm
* 10 Papier-Muffinbackförmchen in Grün, Blau oder Weiß, ø 5 cm (Boden)

VORLAGEN
Bogen 1A

Mein Tipp für Sie

Geldgeschenk So ein süßer, aber dennoch kalorienarmer Cup-Cake ist auch eine nette Idee für ein Geldgeschenk. Dafür den Geldschein zu einem schmalen Streifen falten und einfach zwischen die Streifen des Paper Balls stecken.

VORWEIHNACHTLICH

1 Für die Paper Balls jeweils sechs braune Streifen (22 cm x 1 cm) zuschneiden und genau in der Mitte sowie je 5 mm von beiden Enden entfernt lochen. Je drei Streifen zu einem Sechser-Stern zusammenkleben. Zwei Sterne versetzt zu einem Zwölfer-Stern verbinden. Ganz nach Belieben können Sie einfarbig braune Paper Balls basteln oder Sie kleben zwei Sterne aus beiden Brauntönen übereinander.

2 Die größeren Karton-Abschlussteile (Blume, Eiskristall, Klecks) aus Glitzerkarton zuschneiden. Den kleinen Kreis sowie die Ilexblätter aus Fotokarton anfertigen, mit Lackmal- und Filzstiften bemalen und alle Teile nach Vorlage lochen.

3 Für die „Sahnehaube" aus dem weißen Perlmuttkarton drei Streifen nach Vorlage zuschneiden, lochen und die gestrichelten Linien anritzen und umfalten. Die Streifen zu einem Sechser-Stern zusammenkleben und die Enden mit dem Falzbein leicht rund nach innen biegen.

4 Jeweils ein Drahtende zur Öse biegen und diese noch einmal im rechten Winkel umbiegen. Auf die Drähte die Sterne, Kartonteile und Perlen gemäß der Aufsteckreihenfolge auffädeln. Die oberen Drahtenden kürzen und je eine Abschlussöse biegen.

5 Je zwei Papierbackförmchen am Boden zusammenkleben, damit sie etwas stabiler sind. Zuletzt kleben Sie die Paper Balls mit Heißkleber mittig in die Backförmchen.

Aufsteckreihenfolge Cup-Cake
Brauner Zwölfer-Stern – 8 braune Perlen – Spitzen des braunen Zwölfer-Sterns – Motiv aus Glitzerkarton – Kreis oder Ilexblätter – 1 Perle (nach Belieben ø 1 cm oder 1,2 cm)

Aufsteckreihenfolge Cup-Cake mit Sahnehaube
Brauner Zwölfer-Stern – 8 braune Perlen – Spitzen des braunen Zwölfer-Sterns – Motiv aus rosa Glitzerkarton – weißer Sechser-Stern – Spitzen des weißen Sechser-Sterns – 1 Perle (ø 1,2 cm) – 1 Perle (ø 1 cm)

Einfach himmlisch

weihnachtliche Glücksboten

MOTIVHÖHE
ca. 14 cm

MATERIAL
FÜR BEIDE ENGEL
* Tonkarton in Rosa und Eierschalenfarbe, jeweils A4
* Fotokartonreste in Hautfarbe, Gold, Pink und Zartgrün
* Transparentpapierrest in Weiß mit Punkten
* Draht, ø 0,8 mm, 2 x 15 cm lang
* Holzperlen, je 8 x in Rosa und Creme/Weiß, 4 x in Natur, ø 8 mm
* Organzaband in Weiß und Hellgrün, 7 mm breit, je 10 cm lang
* Lackmal- oder Gelstift in Gold und Weiß

VORLAGEN
Bogen 1B

1 Sechs Streifen aus dem Tonkarton nach Vorlage zuschneiden und lochen. Ritzen Sie wie in der Grundanleitung beschriebene die gestrichelten Linien mit einem Falzbein an und falten Sie sie. Je drei Streifen zu einem Sechser-Stern zusammensetzen. Beide Sterne wiederum versetzt zu einem Zwölfer-Stern verbinden. Einen pinkfarbenen bzw. zartgrünen Stern als Kragen zuschneiden und mittig lochen.

2 Alle Körperteile aus Fotokarton anfertigen. Den Kopf mithilfe von Filzstiften mit Augen und Mund versehen und die Nase mit Buntstiften in Hautfarbe und Ocker gestalten. Die rosa Bäckchen aus Buntstiftabrieb aufreiben und die goldenen Haare ergänzen. Alle weißen Punkte tragen Sie mit Lackmal- oder Gelstift auf. Die Arme (einmal seitenverkehrt) mit etwas hautfarbenem Buntstift schattieren, die Schuhe mit goldenem Lackmal- oder Gelstift aufmalen.

3 Die Flügel zuschneiden und die Drahtposition nach Vorlage markieren. Beidseitig ein Oval aus Tonkarton mittig auf die Flügel kleben, dabei aber die markierte Linie freilassen, sodass später der Draht zwischen den beiden Tonkartonovalen durchgeschoben werden kann. Ein Drahtende zur Öse biegen, alle Teile gemäß der Aufsteckreihenfolge auffädeln und das zweite Drahtende zu einer weiteren Öse formen.

4 Den Kopf kleben Sie mit Heißkleber so an der oberen der beiden Perlen an, dass noch ein Stück der unteren Perle als Hals zu sehen ist. Die Arme an den Enden mit etwas Heißkleber versehen und beidseitig zwischen Paper Ball und Sternenkragen fixieren. Vor die erste, unterste Perle die Füße kleben. Zum Schluss binden Sie das Organzaband um den Hals und verknoten es.

Aufsteckreihenfolge
Perle – Zwölfer-Stern – 6 Perlen (Rosa oder Weiß) – Transparentpapierflügel – Perle – Spitzen des Zwölfer-Sterns – Sternenkragen – 2 naturfarbene Perlen

ENGELCHEN

Eskimo & Eisbär
kugelrund und warm verpackt

MOTIVHÖHE
ca. 16 cm

MATERIAL
FÜR BEIDE FIGUREN

* je 6 Tonkartonstreifen in Weiß und Blau, 1,5 cm breit, 30 cm lang
* 6 Tonkartonstreifen in Rot, 1 cm breit, 18 cm lang
* Tonkartonreste in Weiß und Blau
* Fotokartonreste in Schwarz und Hautfarbe
* 6 Scrapbookpapierstreifen in Blau-Weiß gemustert, 1 cm breit, 18 cm lang, sowie Rest
* Scrapbookpapierrest in Blau-Weiß gemustert
* Draht, ø 0,8 mm, 2 x 25 cm lang
* Holzperlen, 9 x in Blau, 14 x in Weiß, 5 x in Rot, ø 1 cm
* Chenilledraht in Weiß, 20 cm lang
* Glitzerpompons, 3 x in Weiß, 1 x in Rot, je ø 1,5 cm
* Knopf in Rot, ø 1 cm
* Wolle in Weiß, 2 x 4 cm lang

VORLAGEN
Bogen 2B

1 Alle Streifen genau mittig sowie je 5 mm von beiden Enden entfernt lochen. Jeweils zweimal drei farblich zusammenpassende Streifen zu einem Sechser-Stern zusammenkleben. Die beiden passenden Sterne wiederum versetzt zu Zwölfer-Sternen verbinden.

2 Den Eskimokopf mit Filzstiften bemalen und die mit Buntstiften schattierte Nase ergänzen. Den Chenilledraht rund biegen und vorsichtig mit wenig Heißkleber um den Kopf kleben. Die Wollfäden in die Pompons kleben. Diese hierzu auseinanderziehen, etwas Klebstoff einfüllen und nach dem Einlegen des Wollfadens wieder zusammendrücken. Die Pomponfäden hinter dem Kopf fixieren. Die beiden Arme (einmal seitenverkehrt) mit dem Musterpapier bekleben und mit Lackmal- und Filzstift verzieren. Von unten die Hände ergänzen.

3 Den Eisbärkopf mit Filzstiften und Buntstiftabrieb gestalten und die Nase aufkleben. Die Lichtpunkte setzen Sie mit weißem Lackmalstift. Den zweiteiligen Schal zusammenfügen und unter dem Kopf fixieren. Die Arme (einmal seitenverkehrt) hellblau schattieren.

4 Je ein Drahtende mit der Rundzange zu einer Öse biegen und die Streifensterne und Perlen gemäß der Aufsteckreihenfolge auf den Draht stecken. Am zweiten Drahtende eine weitere Öse biegen. Die Köpfe mit Heißkleber nach Abbildung an Körpern und Mützen fixieren. Die Arme jeweils etwas rund biegen, an den Enden mit Klebstoff versehen und beidseitig zwischen den großen und kleinen Paper Balls festkleben. Zuletzt fixieren Sie die restlichen Pompons mit etwas Heißkleber vor den oberen Ösen auf den Mützen und kleben den Knopf an.

Aufsteckreihenfolge Eskimo
blaue Perle – großer blauer Zwölfer-Stern – 8 blaue Perlen – Spitzen des großen blauen Zwölfer-Sterns – kleiner Zwölfer-Stern (Scrapbookpapier) – 5 weiße Perlen – Spitzen des kleinen Zwölfer-Sterns

Aufsteckreihenfolge Eisbär
weiße Perle – großer weißer Zwölfer-Stern – 8 weiße Perlen – Spitzen des großen weißen Zwölfer-Sterns – kleiner roter Zwölfer-Stern – 5 rote Perlen – Spitzen des kleinen roten Zwölfer-Sterns

WINTERLICH

TIERISCH

Knusper, knusper, Mäuschen
inmitten von Mandarinen und Nüssen

Maus

1 Alle sechs grauen Streifen genau in der Mitte sowie je 5 mm von beiden Enden entfernt lochen. Die jeweils in der Breite zusammenpassenden drei Streifen zu einem Sechser-Stern zusammenkleben. Beide Sterne wiederum zu einem Zwölfer-Stern verbinden (breite Streifen oben).

2 Die rote Mütze nach Vorlage zuschneiden und so zu einem Trichter zusammenkleben, dass sie später gut auf dem Paper Ball aufliegt und Sie den Draht durch die Spitze durchfädeln können. Den Mauskopf mit Filz- und Buntstiften bemalen und die rot schattierte pinkfarbene Nase aufkleben. Den Schal aus Scrapbookpapier darunter ergänzen.

3 Ein Drahtende mit der Rundzange zu einer Öse biegen und den Stern, die Perlen sowie die Mütze gemäß der Aufsteckreihenfolge auf den Draht stecken. Je nach dem Winkel Ihrer Mütze können fünf oder sechs rote Perlen nötig sein. Am zweiten Drahtende eine weitere Öse biegen.

4 Den Chenilledraht etwas rund formen und mit wenig Heißkleber um den unteren Mützenrand kleben. Darüber den Mauskopf befestigen. Zuletzt den Schwanz mit den Fingern in Form biegen und unter dem Paper Ball fixieren. Die Maus z. B. mit Nylonfaden aufhängen oder in einem bunten Teller dekorieren.

Aufsteckreihenfolge
grauer Zwölfer-Stern – 8 graue Perlen – Spitzen des grauen Zwölfer-Sterns – 5–6 rote Perlen – rote Mütze – weiße Perle

Mandarine

Die vier Streifen gleicher Länge genau mittig sowie je 5 mm von beiden Enden entfernt lochen und zu einem Achter-Stern zusammenkleben. Den Stern an der Außenseite mit orangefarbenen Filzstiftpunkten bemalen, den grünen Kartonstiel mit grünen Filz- und Buntstiften. Ein Drahtende zur Öse biegen und den Papierstern sowie die Perlen gemäß der Aufsteckreihenfolge aufstecken. Noch das obere Drahtende zur Öse biegen, fertig!

Aufsteckreihenfolge
orangefarbener Achter-Stern – 4 orangefarbene Perlen – Spitzen des orangefarbenen Achter-Sterns – grüner Kartonstiel – grüne Bügelperle

---

MOTIVHÖHE
Maus ca. 16 cm
Mandarine ca. 4 cm

MATERIAL
MAUS
* je 3 Tonkartonstreifen in Grau, 1 cm breit sowie 1,5 cm breit, 26 cm lang, sowie Rest
* Scrapbookpapierrest in Blau-Weiß gemustert
* Tonpapierrest in Rot
* Fotokartonrest in Pink
* Draht, ø 0,8 mm, 20 cm lang
* Holzperlen, 1 x in Weiß, 8 x in Grau, 5–6 x in Rot, je ø 1 cm
* Chenilledraht in Weiß, 18 cm lang

FÜR EINE MANDARINE
* 4 Tonpapierstreifen in Orange, 1 cm breit, 14 oder 15 cm lang
* Fotokartonrest in Grün
* Draht, ø 0,8 mm, 7 cm lang
* 4 Holzperlen in Orange, ø 8 mm
* Bügelperle in Grün

VORLAGEN
Bogen 2B

19

Frostige Winterkinder

Eiszapfen und Schneekristall

MOTIVHÖHE
Eiszapfen ca. 12,5 cm
Schneekristall ca. 2,5 cm

MATERIAL
FÜR ALLE FIGUREN

* 1 Bogen Scrapbookpapier mit Schneesternen in Weiß-Blau-Braun (Rückseite Blau), 30,5 cm x 30,5 cm
* Fotokartonreste in Hautfarbe und Weiß
* Draht, ø 0,8 mm, 2 x 15 cm lang (Eiszapfen) und 3 x 6 cm lang (Schneekristall)
* 40 Holzperlen in Weiß, ø 8 mm
* Schneekristall-Sticker aus Karton in Weiß-Blau, ø 3 cm

VORLAGEN
Bogen 2B

Eiszapfen

1 Drei Streifen nach Vorlage aus dem Scrapbookpapier zuschneiden, lochen und an den gestrichelten Linien mit einem Falzbein oder einer leergeschriebenen Kugelschreibermine anritzen und umfalzen. Die Streifen nach Grundanleitung zu einem Sechser-Stern zusammenkleben.

2 Nun entfernen Sie von dem Schneekristall-Sticker die kleine Pailettenblume und lochen den Sticker mittig mit der Lochzange. Mit einem Filzstift Augen auf den hautfarbenen Kopf aufmalen. Den Mund und die Backen mit hellblauem Buntstift auftragen und die Nase mit weißem Lackmalstift aufmalen. Die weiße Kappe aufkleben und darauf die Pailettenblume fixieren.

3 Ein Drahtende zur Öse biegen und auf den Draht alle Perlen und Einzelteile gemäß der Aufsteckreihenfolge auffädeln. Hier wird von oben nach unten gesteckt. Das zweite Drahtende zur Öse biegen und zuletzt den Kopf mit Heißkleber am Eiszapfen befestigen.

Aufsteckreihenfolge
Perle – gelochter Schneestern-Sticker – Sechser-Stern – 15 Perlen – Spitzen des Sechser-Sterns – Perle

Schneekristall

1 Die drei Streifen nach Vorlage aus dem Scrapbookpapier zuschneiden, lochen und an den gestrichelten Linien anritzen und umfalzen. Je nach Belieben können Sie die weiße oder blaue Kartonseite verwenden. Die Streifen zu einem Sechser-Stern zusammenkleben. Den großen Papierschneekristall in der entgegengesetzten Farbe zum Paper Ball ausschneiden und mittig lochen.

2 Ein Drahtende zur Öse formen und diese im rechten Winkel umbiegen. Auf den Draht alle Teile gemäß der Aufsteckreihenfolge auffädeln. Das obere Drahtende ebenso zur Öse formen und rechtwinklig umbiegen. Mittig auf eine oder beide Ösen Schneekristall-Sticker oder einen kleinen Kopf, wie oben beschrieben, aufkleben. Den fertigen Schneekristall an einem der Streifen mit Nylonfaden aufhängen.

Aufsteckreihenfolge
Sechser-Stern – Perle – Papierschneekristall – Perle – Spitzen des Sechser-Sterns

BAUMSCHMUCK

O Tannenbaum ...

... du kannst mir sehr gefallen

MOTIVHÖHE
ca. 14 cm

VORLAGEN
Bogen 2A

**MATERIAL
FÜR EINE TANNE**
* Tonkarton mit Vintage-Karomuster in Petrol, Grau oder Blaugrau, A4
* festes Transparentpapier in Weiß mit Glitzersternen, A5
* Draht, ø 0,8 mm, 20 cm lang
* Holzperlen, 1 x in Weiß, 7 x in Petrol, Grau oder Blau, ø 1 cm
* Holzperlen, 1 x in Weiß, 5 x in Petrol, Grau oder Blau, ø 8 mm

VORWEIHNACHTLICH

1 Nach Grundanleitung alle vier unterschiedlich langen Streifen für den Tannenbaum auf den Tonkarton übertragen und jeweils viermal ausschneiden. Sie sind mit den Zahlen 1 (größter Stern) bis 4 (kleinster Stern) versehen, damit man sie beim Zusammenbauen besser zuordnen kann. Zusätzlich einen Kartonkreis nach Vorlage ausschneiden.

2 Alle Streifen mit der Vorstechnadel oder der Lochzange lochen. Die gestrichelten Linien mit dem Falzbein oder einer leergeschriebenen Kugelschreibermine anritzen und umbiegen. Die jeweils zusammenpassenden vier Streifen zu Achter-Sternen zusammenkleben.

3 Aus dem Transparentpapier die vier unterschiedlich großen Sterne zuschneiden und mittig lochen. Auch diese sind mit den Nummern 1 (größter Stern) bis 4 (kleinster Stern) gekennzeichnet. Danach alle Sternspitzen über dem Falzbein etwas nach unten biegen.

4 Nun eines der Drahtenden zur Öse biegen und nochmals im rechten Winkel umbiegen, damit die Tanne später stehen kann. Alle Kartonsterne, Transparentpapiersterne und Perlen nach der Aufsteckreihenfolge aufstecken. Das obere Drahtende kürzen und eine Abschlussöse biegen.

5 Damit die Tanne einen besseren Stand hat, zuletzt mittig über der unteren Öse mit Heißkleber den Kartonkreis am Paper Ball fixieren.

Aufsteckreihenfolge
großer Achter-Stern (1) – 3 große Perlen – Spitzen des großen Achter-Sterns (1) – großer Transparentpapierstern (1) – kleine Perle – mittlerer Achter-Stern (2) – 2 große Perlen – Spitzen des mittleren Achter-Sterns (2) – mittlerer Transparentpapierstern (2) – kleine Perle – zweitkleinster Achter-Stern (3) – 2 große Perlen – Spitzen des zweitkleinsten Achter-Sterns (3) – zweitkleinster Transparentpapierstern (3) – kleine Perle – kleiner Achter-Stern (4) – 2 kleine Perlen – Spitzen des kleinen Achter-Sterns (4) – kleiner Transparentpapierstern (4) – große weiße Perle – kleine weiße Perle

Von drauß' vom Walde ...

... kommen wir her!

MOTIVHÖHE
ca. 13,5 cm

MATERIAL
FÜR BEIDE FIGUREN
* Tonkarton mit Leinenprägung in zwei Rottönen, jeweils A4
* Fotokartonreste in Weiß, Hautfarbe, Pink, Blau, Rosa und Schwarz
* Draht, ø 0,8 mm, 2 x 20 cm lang
* 24 Holzperlen in Rot, ø 1 cm
* 2 Pompons in Weiß, ø 2 cm

VORLAGEN
Bogen 2A

Mein Tipp für Sie

Geschenkesack Der kleine Gabensack aus Leinen-Motivkarton hat die gleichen Streifenmaße wie die Nikolausmütze (6 x 16 cm x 1 cm, innen vier Perlen, ø 1 cm). Die untere Öse des Drahtes (8 cm lang) rechtwinklig umbiegen und alle Teile aufstecken. Über die obere Öse beidseitig den doppelseitig zugeschnittenen Verschluss kleben. Noch ein schönes Band umknoten, und fertig ist der Gabensack!

Hängender Weihnachtsmann

1 Für den Körper jeweils sechs rote Streifen (26 cm x 1,5 cm) zuschneiden, für die Mützenkugel sechs kleinere Streifen (16 cm x 1 cm). Alle Streifen in der jeweiligen Mitte sowie je 5 mm von beiden Enden entfernt lochen. Jeweils drei gleiche Streifen zu einem Sechser-Stern zusammenkleben und beide Sterne wiederum versetzt zu einem Zwölfer-Stern zusammensetzen. Einen kleinen roten Kartonkreis zuschneiden und lochen.

2 Den weißen Bart mit dem mit Filz- und Buntstiften bemalten Gesicht bekleben und darüber den Schnurrbart und die rot schattierte Nase ergänzen. Die beiden Arme (einmal seitenverkehrt zugeschnitten) mit den Krempen bekleben und die mit weißen Lackmalstiftsternen bemalten Handschuhe darunter fixieren.

3 Eines der Drahtenden mit der Rundzange zu einer Öse biegen und die Streifensterne und Perlen gemäß der Aufsteckreihenfolge auf den Draht stecken. Am zweiten Drahtende eine weitere Öse biegen. Den Kopf mit Heißkleber nach Abbildung an Körper und Mütze fixieren. Die Arme etwas rund biegen, an den Enden mit Klebstoff versehen und beidseitig zwischen dem großen und kleinen Paper Ball festkleben. Zuletzt den Pompon mit etwas Heißkleber vor der oberen Öse auf dem Paper Ball fixieren.

Aufsteckreihenfolge
Perle – roter Kartonkreis – großer Zwölfer-Stern – 7 Perlen – Spitzen des großen Zwölfer-Sterns – kleiner Zwölfer-Stern – 4 Perlen – Spitzen des kleinen Zwölfer-Sterns

Stehender Weihnachtsmann

Dieser Weihnachtsmann wird genauso gearbeitet wie der oben beschriebene. Damit er aber stehen kann, wird das untere Drahtende zur Öse geformt und nochmals im rechten Winkel umgebogen. Statt der Perle und dem Kartonkreis das gelochte, schwarze Schuhteil aufstecken und dieses ganz zum Schluss mit etwas Heißkleber am Paper Ball ankleben.

HO, HO, HO

WINTERLICH

Zwei eisige Türsteher
Schneemänner unter sich

MOTIVHÖHE
Großer Schneemann ca. 13,5 cm
Kleiner Schneemann ca. 11,5 cm

MATERIAL
FÜR BEIDE FIGUREN
* Tonkarton in Weiß, A3
* Fotokartonreste in Schwarz, Blau, Orange, Braun, Hellblau und Flieder
* Draht, ø 0,8 mm, 2 x 20 cm lang
* 20 Holzperlen in Weiß, ø 1 cm
* je 1 Holzperle in Schwarz und Blau, je ø 1,5 cm
* Organzaband in Gelb und Rot, 7 mm breit, je 20 cm lang
* Bindfaden in Weiß

VORLAGEN
Bogen 2A

1 Beide Schneemänner haben den gleichen Paper Ball als Kopf. Hierzu je vier Streifen, 15 cm x 1 cm, zuschneiden und genau mittig sowie je 5 mm von beiden Enden entfernt lochen. Die vier Streifen jeweils zu einem Achter-Stern zusammenkleben.

2 Für die Körper die jeweiligen sechs Streifen nach Vorlage zuschneiden und lochen. Die gestrichelten Falzlinien mit dem Falzbein oder einer leergeschriebenen Kugelschreibermine anritzen und umfalten. Je drei zueinander passende Streifen zu einem Sechser-Stern zusammenkleben und beide Sterne wiederum versetzt zu einem Zwölfer-Stern verbinden. Zwei Kartonkreise in Blau und Schwarz anfertigen und mittig lochen.

3 Alle restlichen Kartonteile zuschneiden und bemalen. Alle weißen Teile mit hellblauem Buntstift schattieren, die Pupillen und sonstigen Linien mit Filzstift auftragen. Die Schneeschaufel sowie den Besen nach Vorlage zusammensetzen und mit den Händen bekleben. Den Bindfaden um den Besen wickeln und verknoten.

4 Je ein Drahtende zur Öse biegen und die Sterne, Perlen und Kartonkreise gemäß der Aufsteckreihenfolge auffädeln. Das obere Drahtende wiederum zur Öse biegen. Die Streifen der flachen Paper-Ball-Unterseiten mit Heißkleber versehen und jeweils auf die passende große oder kleine weiße Bodenplatte kleben, sodass ein Streifen mittig zwischen den Füßen ist. Eventuell Klebstoff nachfüllen und die Streifen mit einem Schaschlikstäbchen runterdrücken.

5 Die Augen und Nasen auf den vorderen Streifen befestigen und darunter mit einem roten Filzstift Münder aufmalen. Auf den seitlichen Streifen rote Buntstiftbacken ergänzen. Zuletzt die Bänder zwischen den Paper Balls umbinden, verknoten und die Werkzeuge ankleben.

Aufsteckreihenfolge beide Schneemänner
Zwölfer-Stern – 7 weiße Perlen (großer Schneemann) oder 5 weiße Perlen (kleiner Schneemann) – Spitzen des Zwölfer-Sterns – Achter-Stern – 4 weiße Perlen – Spitzen des Achter-Sterns – schwarzer oder blauer Kartonkreis – große schwarze oder blaue Perle

Gutes neues Jahr!

Fliegenpilz und Schweinchen bringen Glück

MOTIVHÖHE
Pilz ca. 12 cm
Schwein ca. 4 cm

MATERIAL
FLIEGENPILZ
* Tonkarton in Rot und Weiß, A5
* Tonkartonrest mit Vintage-Karomuster in Dunkelgrün, A4

* Draht, ø 0,8 mm, 20 cm lang
* Holzperlen, 8 x in Weiß, 6 x in Rot, ø 8 mm
* Klebepunkte in Weiß, ø 8 mm

FÜR EIN SCHWEIN
* Tonkartonrest mit Leinenprägung in Rosa
* Draht, ø 0,8 mm, 6 cm lang

* 3 Holzperlen in Rosa, ø 8 mm
* Ripsband in Rot-Weiß gepunktet oder grünem Kleedruck, 1 cm breit, je 5 cm lang

VORLAGEN
Bogen 2A

IM NEUEN JAHR

Fliegenpilz

1 Für den Pilzstiel drei weiße Streifen nach Vorlage zuschneiden, lochen und die gestrichelten Linien anritzen und umbiegen. Die Streifen zu einem Sechser-Stern zusammenkleben. Für den Pilzhut sechs rote Streifen nach Vorlage zuschneiden und ebenso lochen und falten. Je drei dieser Streifen zu einem Sechser-Stern zusammenkleben. Beide roten Sterne versetzt zu einem Zwölfer-Stern verbinden.

2 Einen kleinen weißen Kartonkreis zuschneiden und lochen. Das Kleeblatt sowie den Streifen aus Vintagekarton ausschneiden und die Blattadern mit dunkelgrünem Buntstift hervorheben. Nun den Streifen mit dem Falzbein rund rollen und unter dem Kleeblatt fixieren. Ein Drahtende zur Öse formen und nochmals im rechten Winkel umbiegen. Auf den Draht alle Teile gemäß der Aufsteckreihenfolge auffädeln und das obere Drahtende wiederum zur Öse biegen.

3 Danach die Streifen der flachen Pilzstiel-Unterseite mit Heißkleber versehen und mittig auf das Kleeblatt kleben. Eventuell Klebstoff nachfüllen und die Streifen mit einem Schaschlikstäbchen runterdrücken. Zuletzt immer zwei Klebepunkte zusammenkleben und den Pilzhut rundum damit verzieren.

Aufsteckreihenfolge
weißer Sechser-Stern – 7 weiße Perlen – Spitzen des weißen Sechser-Sterns – roter Zwölfer-Stern – 6 rote Perlen – Spitzen des roten Zwölfer-Sterns – weißer Kartonkreis – weiße Perle

Glücksschwein

1 Vier rosa Streifen nach Vorlage zuschneiden, lochen und an den gestrichelten Linien falzen und umbiegen. Die Streifen danach zu einem Achter-Stern zusammenkleben. Den Kopf und die Schnauze mit Filzstiften bemalen und rote Buntstiftbacken aufreiben. Die Schnauze mit Klebepads auf dem Kopf befestigen. Das Band teilen und beide Stücke seitlich unter dem Kopf fixieren.

2 Ein Drahtende zur Öse formen und diese nochmals im rechten Winkel umbiegen. Den Kartonstern sowie die Perlen gemäß der Aufsteckreihenfolge auffädeln. Das Drahtende kürzen und eine weitere Öse biegen. Den Kopf schräg mit Heißkleber auf dem Paper Ball und der obersten Perle/Drahtöse festkleben. Zuletzt kleben Sie das mit dem Falzbein geringelte Schwänzchen unten an.

Aufsteckreihenfolge
rosafarbener Achter-Stern – 2 Perlen – Spitzen des rosafarbenen Achter-Sterns – Perle

IM NEUEN JAHR

Drei weise Könige

folgen dem Stern nach Bethlehem

MOTIVHÖHE
König ca. 16 cm
Stern ca. 7 cm

MATERIAL FÜR ALLE FIGUREN

* Tonkarton mit Leinenprägung in Perlmutt-Grün, -Lila und -Petrolblau, jeweils A4
* Glanz-Naturpapierreste mit Prägeblumen in Hellblau, Flieder und Zartgrün
* Tonpapier in Gold, A5
* Fotokartonreste in Gold und Hautfarbe
* Draht, ø 0,8 mm, 3 x 15 cm lang
* je 7 Holzperlen in Grün, Lila und Petrol, ø 1 cm
* 3 Holzperlen in Natur, ø 8 mm
* 3 Rohholzkugeln, durchbohrt, ø 3 cm
* 3 Rohholzhalbkugeln, ø 8 mm
* je 1 Strassrombe in Grün, Lila und Petrol, je ø 1 cm

VORLAGE
Bogen 2B

1 Die Könige werden bis auf die unterschiedlichen Arme komplett gleich gearbeitet. Hierzu für den Körper sechs Streifen nach Vorlage ausschneiden, lochen und die gestrichelten Linien anritzen und umbiegen. Je drei Streifen zu einem Sechser-Stern zusammenkleben. Beide Sterne wiederum zu einem Zwölfer-Stern verbinden.

2 Alle restlichen Teile zuschneiden. Den Kragen aus Naturpapier nach Vorlage lochen. Die Ärmel immer zweimal ausschneiden (einmal seitenverkehrt) und die entsprechenden Hände darunter fixieren. Die Krone aus Tonpapier anfertigen, leicht rund biegen und an der Klebefläche zum Ring kleben.

3 Damit die Figur später stehen kann, formen Sie ein Drahtende zur Öse und biegen diese einmal im rechten Winkel um. Auf den Draht den Kartonstern sowie die Perlen gemäß der Aufsteckreihenfolge auffädeln. Das zweite Drahtende zu einer großen Öse biegen, damit sie die Rohholzkugel gut festhält.

4 Die Streifen der flachen Paper-Ball-Unterseite mit Heißkleber versehen und flach auf die goldene Bodenplatte kleben, sodass ein Streifen mittig zwischen den Füßen ist. Eventuell Klebstoff nachfüllen und die Streifen mit einem Schaschlikstäbchen runterdrücken. Die Spitze des Kragens am Paper Ball fixieren und mit dem Strassstein schmücken.

5 Den inneren, unteren Rand der Krone mit Klebstoff versehen und leicht schräg auf den Kopf kleben. Die Halbperle als Nase fixieren und die Augen mit Filzstift auftupfen. Beidseitig rosa Buntstiftbacken aufmalen. Zum Schluss die Arme etwas rundbiegen, an den Enden mit Klebstoff versehen und beidseitig unter dem Kragen am Paper Ball ankleben.

Aufsteckreihenfolge
Zwölfer-Stern – 7 Perlen (ø 1 cm) – Spitzes des Zwölfer-Sterns – Naturpapierkragen – kleine Perle in Natur (ø 8 mm) – Rohholzkugel (ø 3 cm)

Mein Tipp für Sie

Kleiner Stern Für den kleinen Stern drei Streifen nach Vorlage aus weißem Perlmuttkarton zuschneiden, lochen und die gestrichelten Linien anritzen und umbiegen. Die Streifen zu einem Sechser-Stern verbinden. Zusätzlich einen Schweif und zwei Kreise zuschneiden und lochen. Alles auf Draht fädeln und beidseitig eine Öse biegen.
Aufsteckreihenfolge: Perle – Kartonkreis – Sechser-Stern – Perle – Kartonschweif – Spitzen des Sechser-Sterns – Kartonkreis – Perle

Christiane Steffan, geboren 1971, lebt mit Mann, Hasen und Hühnern im Odenwald. Sie liebt alles, was knallig bunt und lustig ist und hat schon immer gerne gemalt und gebastelt. So richtig infiziert hat sie das Hobby Basteln während ihrer Ausbildung in einem kleinen Kaufhaus mit Bastelabteilung. Seit 2001 veröffentlicht sie Bastelbücher zu verschiedenen Themen, meistens aber alles rund ums Papier. Anregungen, Kritik oder Fragen können Sie unter Christiane.Steffan@web.de direkt an die Autorin richten. Auch einen Besuch wert: ihr bunter Shop: http://Piratenbraut.dawanda.com.

DANKE!

Ich danke der Firma Knorr-Prandell/Gütermann für die freundliche Bereitstellung der Holzperlen, Drähte und der Drahtösenzange sowie der Firma Ludwig Bähr, Kassel, für alle im Buch verwendeten Papiere.

TOPP – Unsere Servicegarantie

WIR SIND FÜR SIE DA! Bei Fragen zu unserem umfangreichen Programm oder Anregungen freuen wir uns über Ihren Anruf oder Ihre Post. Loben Sie uns, aber scheuen Sie sich auch nicht, Ihre Kritik mitzuteilen – sie hilft uns, ständig besser zu werden.

Bei Fragen zu einzelnen Materialien oder Techniken wenden Sie sich bitte an unseren Kreativservice, Frau Erika Noll.
mail@kreativ-service.info
Telefon 0 50 52 / 91 18 58

Das Produktmanagement erreichen Sie unter:
pm@frechverlag.de
oder:
frechverlag
Produktmanagement
Turbinenstraße 7
70499 Stuttgart
Telefon 07 11 / 8 30 86 68

LERNEN SIE UNS BESSER KENNEN! Fragen Sie Ihren Hobbyfach- oder Buchhändler nach unserem kostenlosen Kreativmagazin **Meine kreative Welt.** Darin entdecken Sie die neuesten Kreativtrends und interessantesten Buchneuheiten.

Oder besuchen Sie uns im Internet! Unter **www.topp-kreativ.de** können Sie sich über unser umfangreiches Buchprogramm informieren, unsere Autoren kennenlernen sowie aktuelle Highlights und neue Kreativtechniken entdecken, kurz – die ganze Welt der Kreativität.

Kreativ immer up to date sind Sie mit unserem monatlichen **Newsletter** mit den aktuellsten News aus dem frechverlag, Gratis-Bastelanleitungen und attraktiven Gewinnspielen.

IMPRESSUM

FOTOS: frechverlag GmbH, 70499 Stuttgart; lichtpunkt, Michael Ruder, Stuttgart; Christiane Steffan (alle Arbeitsschrittfotos und Foto Seite 1)
PRODUKTMANAGEMENT: Tina Herud
LEKTORAT: Worthographie, Julia Strohbach, Reutlingen
GESTALTUNG: Karoline Steidinger
DRUCK: Sachsendruck Plauen GmbH, Plauen

Materialangaben und Arbeitshinweise in diesem Buch wurden von der Autorin und den Mitarbeitern des Verlags sorgfältig geprüft. Eine Garantie wird jedoch nicht übernommen. Autorin und Verlag können für eventuell auftretende Fehler oder Schäden nicht haftbar gemacht werden. Das Werk und die darin gezeigten Modelle sind urheberrechtlich geschützt. Die Vervielfältigung und Verbreitung ist, außer für private, nicht kommerzielle Zwecke, untersagt und wird zivil- und strafrechtlich verfolgt. Dies gilt insbesondere für eine Verbreitung des Werkes durch Fotokopien, Film, Funk und Fernsehen, elektronische Medien und Internet sowie für eine gewerbliche Nutzung der gezeigten Modelle. Bei Verwendung im Unterricht und in Kursen ist auf dieses Buch hinzuweisen.

Auflage:	5.	4.	3.	2.	1.	
Jahr:	2016	2015	2014	2013	2012	[Letzte Zahlen maßgebend]

© 2012 **frechverlag** GmbH, 70499 Stuttgart

ISBN 978-3-7724-3993-3 • Best.-Nr. 3993   PRINTED IN GERMANY